La dernière nuit au phare

Pascale Paoli

FRANÇAIS LANGUE ÉTRANGÈRE

CD audio

Durée : 1 h 15

Format MP3 : Les MP3 s'écoutent sur l'ordinateur, sur les baladeurs, les autoradios, les lecteurs CD et DVD fabriqués depuis 2004.

Enregistrements : LBP Studio, Malek Duchesne

Comédien : Laurent Jacquet

Piste 1	Prologue
Piste 2	Chapitre 1
Piste 3	Chapitre 2
Piste 4	Chapitre 3
Piste 5	Chapitre 4
Piste 6	Chapitre 5
Piste 7	Chapitre 6
Piste 8	Épilogue

Rédaction du dossier pédagogique : Bernadette Bazelle-Shahmaei

Édition : Christine Delormeau

Maquette de couverture : Nicolas Piroux

Maquette intérieure : Sophie Fournier-Villiot (Amarante)

Mise en pages : Atelier des 2 Ormeaux

Illustrations : Philippe Raynal

Pour Hachette Éducation, le principe est d'utiliser des papiers composés de fibres naturelles, renouvelables, recyclables, fabriquées à partir de bois issu de forêts qui adoptent un système d'aménagement durable.
En outre, Hachette Éducation attend de ses fournisseurs de papier qu'ils s'inscrivent dans une démarche de certification environnementale reconnue.

ISBN : 978-2-01-155747-6
© HACHETTE LIVRE 2012, 43, quai de Grenelle, 75905 Paris CEDEX 15.

Tous les droits de traduction, de reproduction et d'adaptation réservés pour tout pays. La loi du 11 mars 1957 n'autorisant, aux termes des alinéas 2 et 3 de l'article 41, d'une part, que « les copies ou reproductions strictement réservées à l'usage privé du copiste et non destinées à une utilisation collective » et, d'autre part, que « les analyses et les courtes citations » dans un but d'exemple et d'illustration, « toute représentation ou reproduction intégrale ou partielle, faite sans le consentement de l'auteur ou de ses ayants droit ou ayants cause, est illicite » (Alinéa 1 de l'article 40). Cette représentation ou reproduction, par quelque procédé que ce soit, sans autorisation de l'éditeur ou du Centre français de l'exploitation du droit de copie (20, rue des Grands-Augustins, 75006 Paris), constituerait donc une contrefaçon sanctionnée par les articles 425 et suivants du Code pénal.

SOMMAIRE

L'ŒUVRE

Prologue 5
Chapitre 1 8
    Rendez-vous manqué
Chapitre 2 15
    Angoissante attente
Chapitre 3 22
    Recherche en mer
Chapitre 4 29
    Un simple accident ?
Chapitre 5 36
    Perte de mémoire
Chapitre 6 42
    Une piste à suivre
Épilogue 52

ACTIVITÉS 55
Prologue 55
Chapitre 1 56
Chapitre 2 58
Chapitre 3 61
Chapitre 4 63
Chapitre 5 66
Chapitre 6 68
Épilogue 70

FICHES 72

    Fiche 1 : La Bretagne, une région marquée par la mer 72

    Fiche 2 : La Bretagne, une région avec une forte identité 74

CORRIGÉS DES ACTIVITÉS 76

Prologue

Jacques monte les marches du phare. C'est sa dernière nuit ici. Et c'est le dernier phare d'Europe avec un homme à bord. Depuis hier, tous les phares sont automatisés. Grâce à la technique moderne, on n'a plus besoin des hommes pour assurer leur fonctionnement. Jacques se souvient de son premier soir sur cette île. Il ferme les yeux. Avec 30 ans de moins, il se voit partir de Brest en voiture. À Plouguerneau, Jacques grimpe à bord de la navette pour l'île Vierge. Dix minutes plus tard, il arrive au phare. Breton par son père et sa mère, il aime sa région. Jacques rêve d'être gardien de phare depuis l'enfance. La pointe de la Bretagne est la région de France avec le plus de phares. La côte est très découpée. La Bretagne donne à la fois sur la Manche et sur l'Atlantique. Les marins ont besoin des phares pour repérer les côtes. Les terriens[1] ont besoin des phares pour repérer la mer. Le long de la côte Atlantique, on compte 49 phares. C'est spectaculaire ! Tous ces feux illuminent la nuit. On reconnaît un phare d'un autre à son rythme. Le rythme, c'est celui du nombre d'éclats produits par la lumière sur un temps donné. Quand on vient de la Manche, le phare de l'île Vierge est le premier phare des côtes bretonnes. Il est haut de 82 mètres 50. La portée de sa lanterne est d'environ 50 kilomètres. Toutes les nuits précédentes, Jacques partage sa garde avec un autre gardien. Mais ce soir, c'est particulier. Pour sa dernière nuit au phare, il est seul. C'est son souhait. 32 marches en fer conduisent au sommet du

---

1 Les terriens : sur terre. À la différence des marins qui travaillent en mer.

5

Prologue

phare. Avant l'aube, Jacques sort sur le balcon. Il observe la fin de la nuit. Le ciel est dégagé. Les étoiles disparaissent petit à petit. Au-dessus de lui, la lumière de la lanterne arrose les côtes et la mer d'éclats blancs toutes les 5 secondes. Jacques est heureux. La nuit de ses adieux est douce et lumineuse. Il fixe la mer pour inscrire dans sa mémoire la beauté du spectacle. Soudain, il voit quelque chose d'inhabituel. Il porte les jumelles à ses yeux. Il suit les traces suspectes et…

— Oh ! Cela ne va pas se passer comme ça ! Ils ne vont pas s'en tirer. Je me charge de leur apprendre le respect de la mer !
Jacques descend l'escalier à vive allure[2].

---

2 À vive allure : très vite.

CHAPITRE 1

Rendez-vous manqué

Erwan se réveille avant l'aube. Il embrasse tendrement sa compagne, Gwenn, endormie à ses côtés. Il sort de son lit et s'étire. Gwenn ouvre les yeux.

— Tu te lèves déjà ? Il fait encore nuit.
— Je sais mais c'est le premier jour de retraite de mon père. J'ai envie de passer cette journée avec lui.
— Veux-tu que je t'accompagne ?
— C'est gentil mais je préfère être seul avec lui. Tu sais, ça doit lui faire bizarre de ne plus travailler.
— Tu me téléphones pour me dire comment il va ?
— Oui, je t'appelle dans la journée. Rendors-toi.

Erwan sort de chez lui. Il habite Concarneau. La ville dort encore. Concarneau est une petite ville du Finistère sud. Des remparts du XIVe siècle entourent l'ancienne ville. Au large, les îles des Glénan sont célèbres. On y enseigne la plongée sous-marine et la navigation à voile. Erwan travaille sur ces îles l'été. Il est moniteur de plongée. L'hiver, il prépare une thèse de recherche en biologie marine au Marinarium de Concarneau. C'est un laboratoire de biologie marine. Il permet de découvrir l'importance des océans. Pour sortir de la ville, Erwan traverse le pont du Moros. Au-dessous, on voit les chantiers navals. Quelques bateaux de pêche se préparent à sortir. Mais les petits pêcheurs sont de moins en moins nombreux. La ville n'a plus l'activité de port de pêche d'autrefois. Elle reste une station balnéaire très agréable et touristique en été. Erwan prend la route pour Plouguerneau. Il doit parcourir une centaine de kilomètres.

À cette heure matinale, la route est déserte. Les lumières changeantes du ciel favorisent la contemplation. Erwan aime conduire. Son esprit vagabonde. Il aime conduire en silence, sans radio ni musique. C'est un « taiseux ». Beaucoup de Bretons sont des taiseux, des gens peu bavards. Il y a les taiseux de la terre et les taiseux de la mer. On n'entend pas le même silence avec les premiers et les seconds. La qualité de silence est différente. Erwan est un taiseux de la mer. Son silence ressemble à un nuage. Parfois blanc et léger, parfois noir et chargé en temps d'orage. Aujourd'hui, son silence est entre les deux : gris clair. Il pense à sa mère. Il avait 6 ans quand elle est morte. Il se souvient surtout de ses rires et de son plaisir à faire des blagues. Pas du tout une taiseuse, elle ! Pas vraiment bretonne non plus.

Sa rencontre avec son père ressemble à une scène de film. Jeune marin, son père traverse les mers du sud à bord de bateaux de plaisance. Sur une île aux Antilles, il rencontre Manuela. Grande jeune femme noire, belle comme un soleil, aux dents blanches éclatantes et au sourire gourmand, elle tombe amoureuse de Jacques au premier coup d'œil. Cet homme aux cheveux blonds bouclés et collés par le sel a le teint mat et buriné[1] par la mer et le soleil. Lui aussi a le coup de foudre[2]. Erwan sourit tout seul. Il pense au plaisir de son père quand il lui raconte cette histoire. Cela explique sûrement le côté romantique d'Erwan. Lui aussi aime une femme merveilleuse. Elle ne vient pas d'aussi loin. Elle n'est pas noire. D'ailleurs, elle s'appelle Gwenn. Cela signifie *blanc* en breton. Elle est grande et a des cheveux noirs bouclés comme la mère d'Erwan. Son sourire est aussi ravissant. Elle aime rire. Elle sait le faire rire. Avec elle, il se détend. Il est heureux de plaire à Gwenn. Avec les cheveux blonds comme son père, la peau

---

1 Buriné : marqué, ridé.
2 Un coup de foudre : il tombe amoureux tout de suite.

brune comme sa mère, il a un physique original. Les femmes le regardent souvent. Ces regards le gênent. À ce moment, la voiture passe le bout de l'Aber Wrac'h. Les Abers sont des fjords. La mer envahit ces vallées sur plusieurs kilomètres. D'un coup, Erwan a envie d'huîtres. Dans la région, elles sont fameuses. L'eau des Abers est favorable aux huîtres. Erwan arrive à Plouguerneau. Plouguerneau est justement le berceau des huîtres des Abers. Erwan passe devant la statue de Victor Hugo. La statue montre du doigt le phare de l'île Vierge. Maintenant, Erwan a hâte de retrouver son père. Il veut l'emmener manger des huîtres ! Le soleil se lève. Erwan gare sa voiture devant la maison de son père et frappe à la porte. Personne ne répond. Il décide d'aller l'attendre au port. Mais son père ne revient pas. Erwan se dirige vers la capitainerie du port. Tanguy le reçoit en souriant. Les deux jeunes hommes sont amis depuis l'enfance.

– Salut Erwan ! Comment vas-tu ?
– Salut Tanguy, je vais bien, merci. Et toi ?
– Ça va bien ! Que fais-tu ici de bon matin ?
– Je viens passer la journée avec mon père mais je ne le trouve pas.
– C'est vrai ! Il doit prendre sa retraite aujourd'hui. Comment va-t-il ?
– Justement, je le cherche.
– Ah, je vois. Tu sais, cette dernière nuit, c'est pour lui faire plaisir. Le phare est totalement automatisé maintenant. Cela doit lui faire bizarre. Peut-être, il prend son temps. Vingt ans d'île Vierge, c'est important dans la vie d'un homme.
– Oui. Justement, je suis là pour ça.
– Le phare de l'île Vierge est télé-opéré depuis le phare de Créac'h sur l'île d'Ouessant. Je vais téléphoner à la salle des contrôles. Peut-être savent-ils quelque chose.
– Merci.
– Allô, bonjour. Ici la capitainerie du port de Plouguerneau. Je

vous appelle pour avoir des nouvelles du gardien du phare de l'île Vierge… Rien à signaler ? Le gardien n'est plus sur l'île. Ok, merci. Kenavo[3].
– Alors ?
– Rien à signaler. Ton père est à bord de son petit bateau depuis le lever du soleil. Peut-être se promène-t-il un peu en mer avant de rentrer ?
– C'est possible. Merci pour tout. Je vais l'attendre.

Erwan sort de la capitainerie avec un drôle de sentiment. Où son père peut-il être ? Une brume plane sur la mer. Ciel et mer se confondent. Dans cette ambiance grise et lumineuse, Erwan ne voit plus les limites de la plage, de la mer, et du ciel. Erwan s'engage sur le sentier des douaniers. Long de 2 000 km, il fait le tour des côtes de la Bretagne. À l'origine, en 1791, ce chemin permet aux douaniers de repérer les contrebandiers[4]. Dans son enfance, Erwan joue aux pirates avec Tanguy sur ce chemin. Les cachettes sont nombreuses grâce à la végétation. Les rochers offrent aussi de bonnes cachettes. Agiles et aventuriers, les deux garçons parcourent souvent plusieurs kilomètres. Plus grands, ils empruntent ce chemin pour faire le tour de la Bretagne à pied. Ils ont encore plusieurs centaines de kilomètres à parcourir… Cette partie du nord-ouest de la Bretagne s'appelle la côte des légendes. La Bretagne fait partie de ces terres peuplées de petits êtres magiques. On les rencontre plutôt la nuit. Mais il faut avoir de la chance… Ou de la malchance ! Son père connaît beaucoup de légendes. Il aime les raconter à Erwan lors de promenades. Grâce à ces chemins, Erwan connaît plusieurs dizaines de kilomètres de paysages côtiers, de petits villages du Finistère et de ports de pêche. Les points de vue sont magnifiques. Erwan

---
3 Kenavo : Au revoir.
4 Les contrebandiers : trafiquants, qui transportent des marchandises de façon illégale.

espère repérer le bateau de son père. Mais la brume ne permet pas de voir assez loin. Seuls des bruits de moteur, et parfois de voix, indiquent des présences sur l'eau. L'ambiance est étrange et belle. Erwan s'arrête pour respirer l'odeur du sel dans l'air. Un petit bateau apparaît comme par magie. Erwan voit trop mal pour trouver le bateau de son père sur la mer. Il rebrousse chemin[5]. Arrivé au port, son père n'est pas là. C'est bien un jour à légendes, à apparition… Et à disparition, celle de son père.

---

5 Rebrousser chemin : faire demi-tour.

CHAPITRE 2

Angoissante attente

Erwan commence à s'inquiéter. Il retourne voir Tanguy. Celui-ci ne lui apprend rien de plus. Il propose à Erwan de l'attendre. Il finit sa journée de travail à midi. Erwan décide d'aller manger une galette pour se changer les idées. Il entre dans une petite crêperie et commande « une complète œuf miroir ». Il se jette sur sa crêpe. Il crève et mélange le jaune de l'œuf avec le jambon et le fromage râpé. Pour accompagner sa crêpe, Erwan commande une bolée de cidre. Le cidre est une boisson à base de pommes, légèrement pétillante et alcoolisée[1]. Cela ne vaut pas les huîtres prévues avec son père mais c'est un plat riche et nourrissant !

Le téléphone portable d'Erwan sonne. C'est Gwenn.

– Je suis au travail et je fais une pause. Comment va ton père ?

– Je n'en sais rien.

– Comment ça, tu n'en sais rien ?

– Je ne sais pas où il est.

– Quoi ?

– Il n'est pas chez lui et son bateau n'est pas au port.

– Il est toujours au phare ?

– Cela ne semble pas être le cas. L'observatoire d'Ouessant dit le contraire.

– Qu'est-ce que tu vas faire ?

---

1 Alcoolisée : qui contient de l'alcool.

– J'attends Tanguy. Il propose de m'aider.
– C'est bien. Tu n'es pas seul. Je préfère ça… Est-ce que tu as une idée pour retrouver ton père ?
– Sans doute, tout simplement, il pêche pour se changer les idées.
– Il s'attend à te voir ?
– Non ! C'est une surprise. Tu parles d'une surprise ! En ce moment, c'est moi le surpris.
– Ne t'inquiète pas. L'explication est sûrement simple. Il va arriver et va être très heureux de te voir.
– Tu as raison. Je te tiens au courant. Comment ça se passe pour toi ?
– Il fait très beau pour un jour d'automne. Les gens préfèrent en profiter pour se promener. Il n'y a pas grand monde à la galerie. Art ou soleil, le choix est fait !
– C'est drôle, ici il y a une brume à couper au couteau[2].
– Que veux-tu, tu es au nord et moi au sud !
Erwan rit.
– Tu exagères !
– Je sais mais ça me fait plaisir d'entendre ton rire. Et comme on dit : « En Bretagne, il fait beau plusieurs fois par jour ». Je rajoute seulement « et pas pareil du nord au sud ».
– Je vois Tanguy approcher. Je t'embrasse et te rappelle quand j'ai du nouveau.
– Je t'embrasse aussi. Kenavo.
Tanguy s'assied en face de son ami et commande un verre de cidre.
– Que dis-tu d'une sortie en mer ?
– Ce n'est pas un temps idéal. On voit à peine à 3 mètres.
– C'est toujours un temps idéal pour une balade avec un ami.
– Où allons-nous ?

---

2 Une brume à couper au couteau : un brouillard très épais.

— Je pense d'abord à l'île Vierge. À Ouessant, ils voient les bateaux s'éloigner mais toutes les caméras du monde ont des angles morts[3]. Imagine ton père faire demi-tour justement en plein dans un angle mort.
— Pourquoi un demi-tour ?
— Est-ce que tu sais, toi, ce qui se passe dans la tête d'un vieux gardien de phare obligé de prendre sa retraite ? C'est comme les vieux loups de mer[4] : comment savoir le nombre de grains de sel dans leur cerveau ?
— Un gardien de phare reste un terrien.
— Penses-tu vraiment ça ? Pour les marins, le gardien de phare est le seul terrien considéré comme un des leurs ! La mer est aussi leur domaine. Le gardien de phare dépend de ses humeurs, comme les marins.
Erwan sourit :
— Gwenn et toi vous êtes mis d'accord pour raconter de drôles de choses aujourd'hui !
— Appelle ça l'humour breton. On y va ?
— Ok ! je paie et j'arrive.
— Je t'attends au ponton.
Erwan règle l'addition. Il rejoint Tanguy sur le ponton où est amarré son bateau. C'est un ancien petit bateau de pêche en bois. Tanguy est un amoureux des bateaux. Il est aussi un menuisier talentueux. Il sait tout faire de ses dix doigts. Sa passion pour les bateaux mélangée à ses talents de menuisier opère des miracles. Le résultat : son bateau paraît bien plus grand. Tout est aménagé avec précision et beaucoup de goût. Le bois est choisi avec soin, finement travaillé et verni. La moindre place est utilisée. Erwan a l'impression de monter à bord d'une œuvre d'art. Il admire

---

3 Angles morts : endroits qui ne permettent pas de voir.
4 Un loup de mer : un marin qui navigue depuis longtemps.

son ami pour son savoir-faire. Tanguy aime être sur la mer. Erwan aime nager et plonger. Dessus, dedans, l'objet de leur passion est le même. C'est juste une histoire de point de vue. Le poste à la capitainerie est un travail alimentaire[5] pour Tanguy. Erwan le sait bien. Pourtant il s'étonne à chaque fois.

– Ton bateau est tellement beau ! Pourquoi tu n'utilises pas tes talents pour en faire ton métier ?

– Hum ! Je te le répète encore une fois : avec un patron sur le dos, je n'ai pas le même plaisir. Je travaille bien car je travaille pour moi. Cela ne peut pas être pour de l'argent.

– Tu as tort. Beaucoup de propriétaires de bateaux cherchent quelqu'un comme toi. Ils rêvent tous d'avoir quelque chose d'aussi parfait. Pas besoin d'un patron. Tu travailles en direct avec le propriétaire.

– Mais alors, il devient mon patron ! Non ! Je ne supporte pas les ordres au sujet de ma passion. Je veux rester libre ! La capitainerie m'offre le job[6] idéal[7] pour rester près de la mer et des bateaux. C'est simple. Quand je sors du travail, je suis libre de mes pensées et de mes mouvements. Je n'ai de comptes à rendre à personne[8]. Et j'ai toujours mon rêve.

– Celui de partir un jour sur un grand voilier autour du monde.

– Tout à fait ! Il me manque la femme à emmener. C'est plus gai à deux ! Toi, tu as de la chance. Tu as Gwenn.

– Tu as raison, Gwenn est une fille super ! Ne désespère pas, tu vas trouver !

– J'ai l'air désespéré ?

– Totalement !

---

5 Travail alimentaire : en opposition à un travail par vocation.
6 Un job : un métier.
7 Idéal : parfait, rêvé.
8 Je n'ai de comptes à rendre à personne : personne ne me dit ce que j'ai à faire.

Oui, Erwan est heureux d'avoir trouvé une femme complice. Avec Gwenn, ils aiment voyager ensemble et elle aime aussi plonger… Erwan préfère avoir un métier-passion à la différence de Tanguy. La plongée et l'observation de la vie sous-marine correspondent avec son travail au Marinarium. Bien sûr, il rêve parfois d'autres mers, d'autres fonds. Le sentiment d'une catastrophe proche l'empêche de profiter de sa chance dans sa vie en général. Il est arrivé quelque chose à son père. Cette idée le tourmente sans cesse. Il en veut à la mer entière[9].

---

9 Il en veut à la mer entière : expression courante : il en veut à la terre entière.

CHAPITRE 3

Recherche en mer

En mer, avec la brume, tout change. On voit la vie autrement. Le bateau glisse sur l'eau calme. Très vite, Erwan perd ses repères. Où est la terre ? Le continent a disparu en quelques minutes. Très proche par beau temps, l'île Vierge semble absente. Il a l'impression d'être enveloppé dans du coton. Même le bruit du moteur est assourdi[1]. Erwan regarde Tanguy absorbé par son GPS. Aujourd'hui, cet instrument remplace la carte marine et le compas. Mais Tanguy a aussi toujours une carte et un compas avec lui. On ne sait jamais. Un GPS peut tomber en panne. Les deux jeunes hommes se taisent. Erwan laisse passer sa main par-dessus bord. Il trempe sa main dans la mer. Elle est froide. Tanguy rompt le silence.
– Regarde à l'ouest, le ciel se dégage. Nous avons de la chance.
– Tu as raison. Le soleil essaie de percer.
On entend résonner la corne de brume du phare. Un son toutes les minutes. L'île Vierge se situe à 1,5 km des côtes. C'est un ensemble très étendu de rochers bas sur l'eau. Heureusement, Tanguy est un marin plein d'expérience. Il connaît bien le trajet. Au bout de 10 minutes, ils arrivent sur l'île. Erwan saute à terre, attache le bateau. Son ami arrête le moteur et le rejoint. À côté du phare en activité, il y a l'ancien phare. Construit entre 1842 et 1845, c'est une tour carrée de 31 mètres de haut. Il est posé sur un bâtiment rectangulaire de deux étages. Les logements de gardien

---

1 Assourdi : moins fort, affaibli.

CHAPITRE 3

sont installés dans ce bâtiment. Erwan et Tanguy se dirigent vers la porte. Erwan essaie d'ouvrir. La porte est fermée à clé. Il est déçu. Tanguy sort des clés de sa poche.
— Tu vois, c'est un avantage de travailler à la capitainerie.
— Là, tu me fais plaisir.
Tanguy ouvre la porte. La maison est composée d'une cuisine et d'une chambre. Dans la cuisine, Erwan voit une tasse posée sur l'évier. À côté de la cafetière électrique, il reste un peu de café. Son père a dû se faire un café ce matin. Ils cherchent le cahier de veille. Le gardien de garde note son activité quotidienne dans le cahier de veille. Il note ses observations du baromètre, du thermomètre, de la direction du vent, de sa force, etc. Il note les réparations des carreaux. Les oiseaux frappent les fenêtres avec leur bec. Les carreaux sont régulièrement cassés par les oiseaux. En général, dans un phare, il ne se passe rien. Plus exactement, il se passe la même chose tous les jours. L'administration appelle ses gardiens « électro-techniciens » ou « électro-mécaniciens » depuis 1950. Le gardien de phare idéal a l'obéissance du militaire et le savoir-faire d'un ouvrier. Il veille au fonctionnement de la lumière. Il est expert en travaux mécaniques et électriques. Il connaît le matériel spécial au service des phares. Erwan et Tanguy ne trouvent aucun indice dans l'habitation des gardiens. Ils sortent, referment la porte. Tanguy déclare :
— Le cahier de veille doit être à terre depuis hier. Il ne sert plus à personne ici.
Erwan et Tanguy marchent jusqu'à l'autre phare. Erwan passe sa main sur la tour du phare. Elle est en granit. Il existe de nombreuses carrières de granit en Bretagne. Alors il existe de nombreux bâtiments en granit. Le granit a des couleurs différentes. Il peut être vert, rose, gris. Erwan caresse les grains de mica. Sur les rochers au bord de l'eau, ces mêmes petits grains au soleil font briller la côte. À nouveau, Tanguy sort des clés de sa poche.
— Qu'est-ce que tu crois ? J'ai aussi les clés !

Ils ouvrent la porte. C'est une porte étanche comme dans les sous-marins. Elle empêche l'eau d'entrer en cas de tempête. Les nuits de tempête, il ne suffit pas d'aimer la mer et la solitude pour être gardien de phare. Il faut surtout résister à la peur. Erwan lève la tête pour regarder vers le haut du phare. Erwan et Tanguy commencent à monter. 360 marches en pierre de taille sont suspendues jusqu'en haut. Avant d'arriver tout en haut, Erwan et Tanguy sortent sur le seul balcon du phare. Tanguy, un peu essoufflé, remarque :
— Ton père doit être en forme à force de grimper ces marches !
— Oh, tu sais, il n'a plus trop besoin de monter ici. Il monte pour le plaisir, pour admirer le paysage. La lanterne s'allume toute seule dès le coucher du soleil. Elle s'éteint toute seule au lever du soleil. Mon père fait ses observations à la jumelle d'en bas, à l'extérieur. Erwan et Tanguy sont sur le balcon. Le soleil perce la brume. La vue se dégage. Le panorama à 360° sur la mer et la côte est magnifique. Des oiseaux tournent autour du phare. Erwan reconnaît des goélands argentés, des mouettes, des cormorans. Ce spectacle est quotidien pour son père depuis des années. Tanguy le sort de ses pensées.
— On continue ?
Erwan et Tanguy grimpent les 32 dernières marches en fer. Ils entrent dans la salle de la lanterne. L'objet est impressionnant. Erwan et Tanguy font le tour de la pièce. Aucun indice. Erwan est déçu. Tanguy l'entraîne vers l'escalier.
— Nous avons de la chance, le ciel se dégage. Nous allons pouvoir reprendre la mer et visiter les criques[2] alentours. Peut-être ton père est en train de rêver ou de pêcher quelque part ?
— Tu as raison. Ne restons pas là, ça me fiche le cafard[3].

---

2 Une crique : petite baie ou anse d'un rivage.
3 Ça me fiche le cafard : ça me démoralise.

CHAPITRE 3

— Ne sois pas si triste. Ton père a aussi droit à une nouvelle vie. Est-ce qu'il aime voyager ?
— Hum ! Pour l'instant, je veux juste le retrouver. Un accident peut toujours arriver.
— Je connais bien les courants marins dans le coin. La mer est calme. Son bateau ne peut sûrement pas chavirer par un temps pareil. Nous allons le trouver et comprendre les raisons de son absence. Ne t'en fais pas !
— Je te fais confiance. Cela ne t'embête pas trop ?
— Pas du tout ! Au contraire. Tu fais une triste tête. Tu ne parles pas beaucoup. Mais j'aime ta compagnie !
— Tu es un vrai ami.
— Eh oui ! C'est bien vrai.

Descendre les marches est beaucoup plus rapide. Les deux jeunes hommes parviennent au bateau rapidement. Le ciel est presque totalement dégagé. Erwan détache les amarres[4] et saute à bord. Le moteur démarre et le bateau s'éloigne de l'île. Erwan regarde Tanguy et lui sourit. Il a raison, cela ne sert à rien de s'inquiéter ! Pourtant, quelque chose ne tourne pas rond. Cela, Erwan le sent très fort. Il fait des efforts pour rester optimiste. Le soleil brille. La mer est calme. Erwan regarde la côte de l'île Vierge derrière eux. Tanguy lui parle.

— Connais-tu les lieux de pêche de ton père ?
— Hum ! Pas vraiment.
— Alors, nous allons visiter quelques criques. La côte est très découpée. Un rocher peut cacher un bateau. Je vais suivre les courants.

Doucement, Tanguy manœuvre entre les rochers. Ils croisent quelques petits bateaux de pêcheurs. Toujours aucune trace de Jacques. Tanguy propose de remonter le courant plus au large.

---

4 Une amarre : cordage utilisé pour maintenir un bateau à un quai.

CHAPITRE 3

—Ton père peut avoir envie d'une bonne dose d'air du large avant de revenir sur la terre ferme.
Erwan se tait. Il choisit de ne rien dire. Son angoisse augmente avec le temps. Il préfère ne pas embêter son ami avec son angoisse. Le bateau se dirige vers le large. Assez loin des côtes, une petite embarcation est ballotée[5] par les eaux.
Erwan pousse un cri.
—Tanguy, à tribord[6] toutes ! Le bateau de mon père ! Il est là !
— Ok, Erwan, je le vois. On s'approche.

---

5 Ballotée : secouée.
6 Tribord : terme marin pour désigner le côté droit. Babord désigne le côté gauche.

CHAPITRE 4

Un simple accident ?

Tanguy manœuvre son bateau avec précision. Il accoste[1] en douceur l'embarcation. Au premier coup d'œil, personne à bord. Pourtant, maintenant, Erwan est sûr de lui :
– Oui, c'est bien le bateau de papa. Qu'est-ce qu'il fait là ?
Tanguy amarre[2] son bateau à celui de Jacques et les maintient côte à côte. Erwan saute à bord de celui de son père. Tanguy attache le bateau de Jacques pour le maintenir. Erwan pousse un nouveau cri :
– Papa est là ! Il est par terre. Il ne bouge plus.
Erwan se penche sur son père.
– Il respire. Il a une blessure à la tête. Vite, appelle les secours.
Tanguy rejoint son ami. Erwan prend la tête de son père. Il la pose doucement sur ses genoux. Il lui parle :
– Papa, qu'est-ce qui t'arrive ? Réveille-toi, s'il te plaît !
– Il est évanoui mais il respire. Les secours vont mettre du temps à arriver. Il faut le transporter nous-mêmes à terre. Qu'en penses-tu ?
– Tu as raison. Aide-moi à le porter dans ton bateau.
Jacques est un homme grand et fort. C'est bien d'être deux pour le soulever. Erwan et Tanguy l'allongent au fond du bateau de Tanguy.
– J'ai une couverture dans le sac étanche sous le banc. Couvre-le avec.

---

1 Accoster : aborder.
2 Amarrer : attacher.

Tanguy saute à nouveau dans le bateau de Jacques. Il vérifie le nœud des deux côtés du bout.
– On va le remorquer. Oh ! mais qu'est-ce que c'est que ça ?
Tanguy attrape un sac posé près du gouvernail[3].
Il l'ouvre.
– Comme c'est bizarre…
Tanguy revient sur son bateau. Il porte le sac. Erwan ne fait pas attention à Tanguy. La tête de son père sur ses genoux, il continue à lui parler doucement.
– Ça va aller, papa, ça va aller…
Erwan lève la tête vers son ami. Il le supplie :
– Dépêche-toi, s'il te plaît Tanguy.
Tanguy démarre le moteur. Ils ont de la chance, la mer est très calme. Tanguy accélère. Il voit bien loin devant. Tanguy téléphone à la capitainerie.
– Allô, la capitainerie, c'est Tanguy. Appelez une ambulance. J'ai un homme blessé à mon bord. Nous arrivons dans moins de 10 minutes. Il est blessé à la tête. Il respire mais il est inconscient.
Erwan regarde son ami et lui demande :
– Qu'est-ce qui s'est passé ? Tu as une idée ?
– Aucune pour l'instant. Mais il est vivant, c'est l'essentiel. Il va nous raconter ça très vite. Ne t'inquiète pas. Les secours nous attendent.
Sur le bord du quai, les marins pompiers attendent Tanguy et Erwan près de leur ambulance rouge. Ils mettent Jacques sur un brancard. Ils le portent dans l'ambulance. Erwan monte avec eux.
– Je viens avec vous. Je suis son fils.
Les deux hommes lui font signe de s'asseoir sur le côté. Un pompier se penche sur Jacques. Il lui met un masque à oxygène. L'autre homme ferme les portes de l'ambulance. Erwan a juste le temps de faire un signe de la main à Tanguy.

---

3   Un gouvernail : plaque orientable plongée dans l'eau qui sert à diriger le bateau.

CHAPITRE 4

— Appelle-moi vite pour me donner des nouvelles.
— Promis !
L'ambulance démarre. La sirène se met en marche. Ils foncent[4] sur Brest.
À l'arrivée aux urgences de l'hôpital, des infirmiers emmènent Jacques en vitesse. Erwan court derrière eux. Il ne veut plus quitter son père. Un infirmier lui demande de rester derrière la porte de la salle des urgences.
— Ne vous inquiétez pas. On vous donne des nouvelles très vite.
Un médecin l'examine.
Erwan marche de long en large dans le couloir devant la porte. Quelques minutes plus tard, un médecin en blouse blanche s'approche de lui en souriant.
— Vous êtes de sa famille ?
— Oui, je suis son fils. Qu'est-ce qu'il a ?
— Il a reçu un coup sur la tête. La blessure est profonde. Comment s'est-il fait ça ? On va lui faire un scanner pour en savoir plus. Mais il respire et le cœur bat normalement. C'est un homme fort et en bonne santé. Sa vie n'est pas en danger. Nous allons le ramener à lui. Allez donc faire un tour et revenez dans deux heures pour avoir des nouvelles.
— Merci docteur. Vous avez raison, ça va me faire du bien de prendre l'air.
Erwan sort de l'hôpital. Il connaît bien Brest et son histoire. Entre août 1940 et septembre 1944, des bombes tombent sans arrêt sur Brest. La ville est détruite. On la reconstruit suivant un tracé régulier et quadrillé, mais isolé de la mer. Erwan marche dans les rues sans savoir où ses pas le mènent. Il réfléchit. Dans sa tête, les questions se suivent sans réponse. Il se retrouve devant le château de Brest. Le château de Brest est le plus ancien monument

---

4 Foncer : se dépêcher d'aller.

CHAPITRE 4

de la ville, survivant de la Seconde Guerre mondiale. Erwan le connaît bien. Pendant ses études à l'école d'océanographie, il vient souvent sur la falaise où est construit le château. Voir l'embouchure de l'estuaire[5] de la rivière Penfeld le calme. Son regard se promène sur la rade et son entrée. Cela ressemble à une petite mer intérieure. C'est à la fois très grand et accueillant. Pour avoir souvent plongé dans ses eaux, il sait les fonds profonds. Grâce à ça, la rade de Brest peut accueillir de grands navires. Et des homards délicieux pour des étudiants fauchés[6] mais plongeurs et bons pêcheurs !

Erwan s'assied sur un banc face au port. Il pense à Gwenn. Elle doit s'inquiéter. Il prend son téléphone et l'appelle.

— Ah enfin ! Comment va Jacques ?
— Il est à l'hôpital. Et il est inconscient.
— À l'hôpital ?
— Oui, il est blessé à la tête.
— Par qui ? Comment ?
— Je ne sais pas.
— Où es-tu ?
— À Brest, face au port.
— Je ferme la galerie et je te rejoins.
— C'est gentil mais attends un peu. Je dois revoir le médecin dans deux heures. Je te rappelle après.
— Comme tu veux.

Gwenn raccroche le téléphone. Elle regarde les tableaux accrochés sur les murs de la galerie. Ils représentent des scènes du port de Concarneau. Concarneau, *Konk Kerne* en breton, signifie « baie de Cornouaille ». Concarneau s'organise autour de

---

5 L'embouchure de l'estuaire : l'entrée de la rivière dans la mer.
6 Fauché : avec peu d'argent (expression familière).

la Ville Close et de son port. La grand-mère de Gwenn radote[7] un peu. Elle lui raconte souvent le temps où le port de pêche est la principale activité de la ville. Quelques années avant la naissance de Gwenn, dans les années 1973-1978, une nouvelle crise de la pêche réduit l'activité du port. Aujourd'hui, le tourisme et la construction navale sont devenus des activités importantes. La grand-mère de Gwenn est peintre. Elle fait partie de la deuxième génération d'artistes venus des quatre coins du monde dans les années 1950. Elle tombe sous le charme de Concarneau. Elle s'y installe pour toujours. Elle s'inspire des activités de la Ville close. Elle peint plein de bateaux. À l'époque, la flotte de bateaux est importante. Au début du XXe siècle, le port abrite parfois plus de 2 000 navires et jusqu'à 650 thoniers. La mère de Gwenn choisit la photographie. L'architecture, la population active de marins, d'ouvrières et de paysans en costumes traditionnels deviennent ses sujets de photographies. Gwenn a grandi entourée de ce spectacle représenté sur les toiles. Gwenn regarde toutes ces œuvres exposées dans la galerie. Elle pense à Jacques. Jacques lui aussi semble faire partie de cette époque. Elle se demande à voix haute :

– Que se passe-t-il dans la tête d'un homme d'un autre siècle ?

Gwenn a beaucoup d'affection pour Jacques. Pas seulement en tant que père d'Erwan. Elle admire sa capacité à la solitude. La profondeur de son amour et sa fidélité pour sa femme morte l'impressionnent. Elle ne croit pas être capable d'une telle force de caractère. Elle aime trop la compagnie ! Bavarder, rire, partager le quotidien avec l'être aimé, elle n'imagine pas pouvoir s'en passer.

---

7 Radote : répète souvent les mêmes choses.

CHAPITRE 5

Perte de mémoire

Erwan revient à l'hôpital. Une infirmière le conduit dans la chambre de son père. Jacques est toujours inconscient. L'infirmière lui dit :
— Je préviens le médecin. Il va venir vous voir.
— Merci.
Erwan regarde son père allongé. Une partie de sa tête est rasée. Elle disparaît sous un gros pansement. Son visage commence à devenir jaune et bleu. Erwan s'assied sur une chaise près du lit. Il lui prend la main. La main de Jacques est grande et forte. C'est une belle main. Erwan la serre entre ses deux mains. Jacques ne réagit pas. Sa main reste molle dans celles de son fils. Erwan se souvient des mains de son père toujours en mouvement. Pour Erwan, les mains de son père ne vieillissent pas. Enfant, elles lui préparent à manger. Elles le lavent. Elles l'habillent. Elles le hissent sur ses épaules[1]. Toute son enfance, ses mains sont là pour lui. Adolescent, il teste l'autorité paternelle. Les mains se lèvent menaçantes. Mais jamais elles ne le frappent. Il les voit applaudir à son premier concert avec son groupe de rock. Elles le réconfortent dans les moments durs. Elles lui font signe dans tous les moments forts de sa vie. Et les voilà toutes molles, abandonnées entre les siennes.
— Papa, s'il te plaît, reviens vite. Parle-moi. J'ai besoin de toi.

---

1 Hisser sur les épaules : mettre, placer sur les épaules.

La dernière nuit au phare

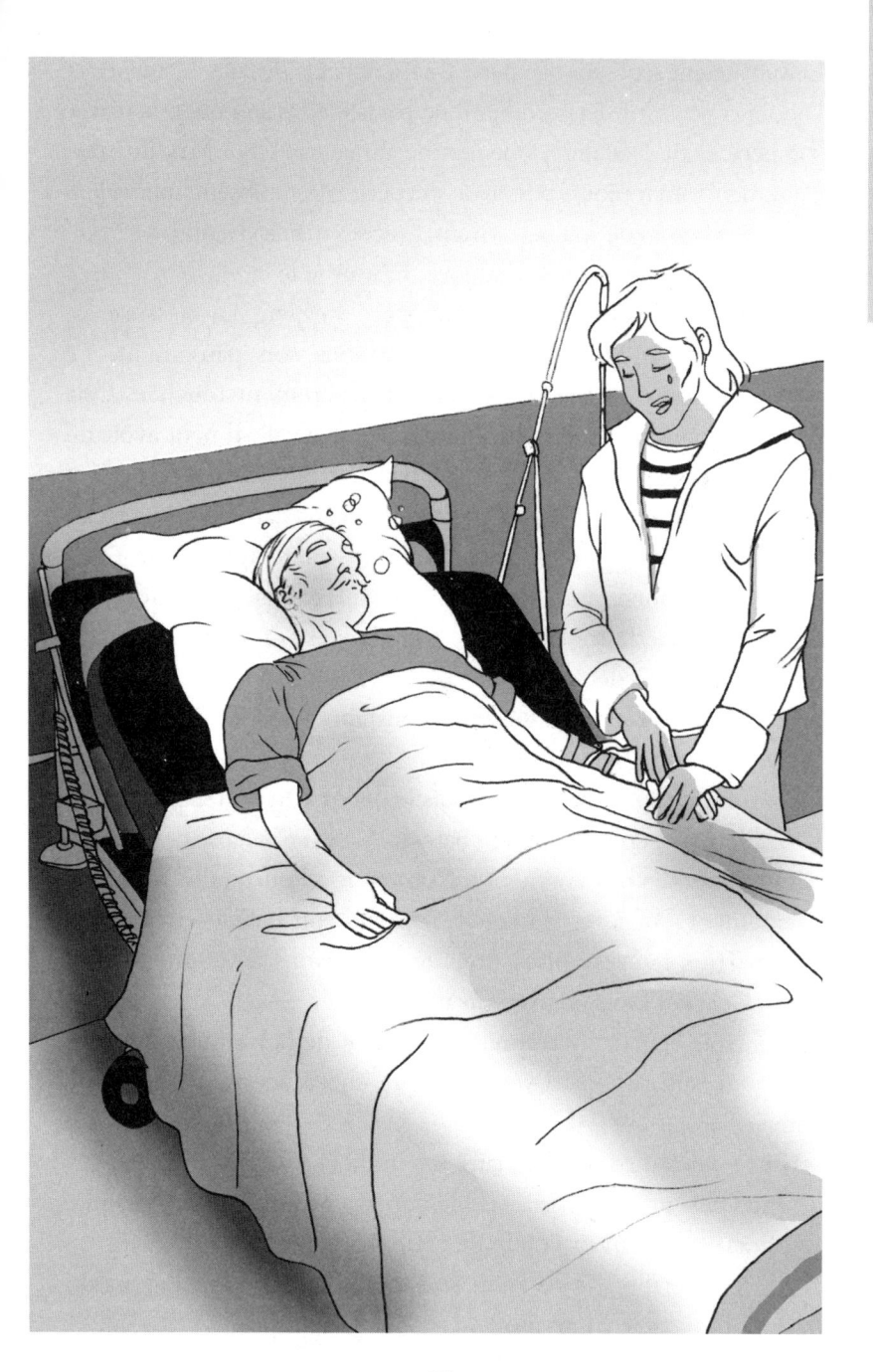

CHAPITRE 5

Erwan se sent seul sans son père. Il se sent faible, fragile. L'enfance et l'adolescence sont derrière lui. Il ne partage plus son quotidien avec son père. Il vit avec une jeune femme aimée, aimante. Mais il réalise clairement : il a toujours besoin de son père. Même absent, même loin de lui, il a besoin de son père vivant, avec ses mains vivantes.

Le médecin entre dans la chambre. Erwan se lève.

— D'abord, je vous rassure, votre père va bien. La blessure est profonde. Il a 22 points de suture sous son pansement. Le scanner montre une zone du cerveau légèrement touchée. Cela peut provoquer quelques problèmes à son réveil. Il peut avoir du mal à parler. Il peut également souffrir de trous de mémoire. Rien de grave. Ne vous en faites pas, cela revient dans 99 % des cas. Cela peut prendre du temps. Cela peut revenir rapidement. Votre père est en bonne santé générale. Pour lui, ça doit aller vite.

Erwan soupire de soulagement. Son visage se détend. Il retrouve confiance. Le médecin reprend :

— Pouvez-vous me raconter les circonstances de l'accident ?

— Pas vraiment.

— Comment ça ? Reprenons depuis le début. Où cela se passe-t-il ?

— Visiblement, en mer sur son bateau. Mais il n'y a pas de témoin. Alors je ne sais pas vraiment ! Comment ? Pourquoi ? Ni quand exactement. Au lever du soleil, il prend son bateau et quitte le phare. Trois heures après, nous le retrouvons assommé, seul à bord. Cela fait trois heures sans information.

— Ces trois heures correspondent à l'état de la blessure avant les points de suture. Voyez-vous quelque chose de tranchant sur le bateau ?

— Vous voulez dire pour lui faire une telle blessure ?

— Oui. C'est un coup fort et la blessure est profonde. Par exemple, une ancre peut ouvrir la tête de cette manière.

— Je dois vérifier. Dans mon souvenir, l'ancre est à l'avant du bateau, mon père à l'arrière.

– Pour éclaircir les circonstances de l'accident, une enquête doit être faite. Pour son état de santé, cela ne change rien.
– Est-ce qu'il va rester longtemps à l'hôpital ?
– Quand il revient à lui, on va voir. C'est un léger coma. En général, ça ne dure pas.
À ce moment, Jacques bouge dans son lit. Erwan se précipite. Jacques ouvre les yeux. Il regarde son fils. Enfin, il le reconnaît. Il essaie de sourire. Sa bouche est tordue. La moitié de son visage est enflée. Il touche sa tête. Il grimace. Il ouvre la bouche. Aucun son n'en sort. Le médecin lui attrape le poignet et vérifie son pouls.
– Restez tranquille, monsieur Toudic. Vous avez eu un accident. Vous êtes à l'hôpital de Brest. Est-ce que vous pouvez parler ?
Jacques ouvre la bouche à nouveau. Aucun son n'en sort. Il tourne les yeux vers son fils. Il lui tend sa main. Sa main est à nouveau chaude et vivante. Erwan l'attrape.
– Bonjour papa ! Bienvenu parmi nous !
Erwan ressemble à un enfant devant un cadeau. Il serre la main de son père avec joie. Le médecin lui demande :
– Pouvez-vous nous laisser un instant ? Je vais faire quelques contrôles. Attendez dans le couloir. Cela va être rapide.
Erwan lâche la main de son père. Et sort, tout content ! Dans le couloir, il se cogne à Tanguy. Tanguy porte le sac ramassé dans le bateau de Jacques.
– Je viens d'arriver. Comment va-t-il ?
– Tu tombes bien : il vient juste de se réveiller ! Il ne dit pas un mot mais ça va venir ! Je le sens !
– Tant mieux ! Plus de peur que de mal, comme on dit.
– Oui, tu as raison. Je reviens de loin ! Quelle sacrée peur !
– Le bateau de ton père est à sa place au port. À ton avis, faut-il prévenir la police ?
– Cela me semble un peu tôt. Nous ne savons pas comment c'est arrivé. Mais nous pouvons essayer de comprendre nous-mêmes.

CHAPITRE 5

Qu'en penses-tu ?
— Dis donc, tu es très en forme ! Tu veux enquêter tout seul ? Ou tu m'acceptes comme détective partenaire ?
— Avec plaisir ! Que transportes-tu dans ce sac ?
— Il vient du bateau de ton père. C'est peut-être bien le début d'une piste…
— Montre-moi !
— L'hôpital n'est pas un bon endroit pour ça.
— Sortons !

La dernière nuit au phare

CHAPITRE 6

Une piste à suivre

Erwan et Tanguy sortent de l'hôpital. Le temps s'est couvert. De gros nuages couvrent l'horizon. La pluie menace. Tanguy ouvre le sac. Erwan penche la tête dessus. Il se bouche le nez.
– Pouah ! Quelle odeur !
– Oui, il n'est plus très frais !
Erwan sort un oiseau mort du sac. C'est un cormoran[1]. Erwan observe l'oiseau mort. De quoi cet oiseau est-il mort ?
– L'odeur est très forte. Il ne sent pas seulement la mort.
– Il sent le mazout !
– Tu as raison.
– Qu'est-ce que ça signifie ?
– Je vais l'emmener au Marinarium. Là-bas, je peux l'examiner tranquillement. Il va me raconter sa mort.
– Alors tu es d'accord ! Cela n'est pas un hasard. Ton père ne ramasse pas les oiseaux morts pour rien.
– Oui, ça a l'air d'un indice.
À ce moment, la pluie se met à tomber. Erwan et Tanguy se réfugient dans le hall de l'hôpital.
– Qu'est-ce que tu fais maintenant ?

---

1 Cormoran : Le cormoran est un oiseau marin tout noir. Il vit en groupe. Sa taille moyenne est de 70 centimètres. Cet oiseau est un roi de la pêche sous-marine. Il possède un bec jaune-orangé long et fin. Son bec se termine par un crochet. Le cormoran bat très vite des ailes. Il vole au ras de l'eau. Il plonge pour pêcher à une dizaine de mètres de profondeur. Il se nourrit de poissons. Ses plongées durent généralement une minute. Mais le cormoran peut tenir jusqu'à 4 minutes sous l'eau. Les ailes du cormoran ne sont pas imperméables. Après la pêche, il les sèche au soleil.

— Je repasse voir mon père. Ensuite je rentre à Concarneau. Je file au Marinarium.
— Tu veux examiner l'oiseau ?
— Oui. Le plus tôt possible. Il sent vraiment trop mauvais !
— Tu as raison. Je t'attends là. Je te ramène.
— Je te remercie pour tout, Tanguy. C'est bon de t'avoir comme ami.
— Et c'est réciproque[2] ! Tu as une idée derrière la tête, n'est-ce pas ?
— Pas toi ?
— Hum ! Une petite idée. Mais elle est terrifiante !
— Tu penses comme moi.
— Peut-être…
Erwan rend le sac à Tanguy
— Je reviens vite !
Erwan entre dans la chambre de son père. Jacques est seul. Il regarde par la fenêtre. La pluie tombe.
— Salut papa ! Tu vas mieux ?
Jacques tourne la tête vers son fils. Il lui fait signe de venir s'asseoir sur le lit. Erwan obéit. Jacques l'attrape par les épaules. Il colle l'oreille d'Erwan à sa bouche. Seul un grognement en sort. Jacques lâche son fils. Erwan se redresse.
— Tu ne peux pas parler ?
Jacques fait « non » de la tête.
— Ok ! Le médecin trouve ça normal. Tu vas retrouver la parole. Te souviens-tu de ton accident ?
Jacques fait encore « non » de la tête.
— Tu te souviens de ta dernière nuit au phare ?
Jacques pose sur son fils un regard plein de questions.
— Bon, ça ne va pas être simple ! Papa, je vais te laisser. J'ai quelque chose à faire à Concarneau. Je reviens en fin de journée. Ok ?
Jacques fait « oui » de la tête.

---

2 Réciproque : Le sentiment est partagé.

CHAPITRE 6

— Est-ce que tu as besoin de quelque chose ?
Jacques fait « non » et ferme les yeux. Erwan sort. Il passe voir l'infirmière.
— Je dois partir.
— Pas de problème. Votre père est sous le choc. Il doit se reposer.
— Appelez-moi en cas de changement.
— Bien sûr. Kenavo.
Erwan sort de l'hôpital. Il ne pleut plus. Le soleil tente une percée des nuages. Erwan sourit tout seul. Il retrouve Tanguy sur le parking.
— Pourquoi souris-tu ?
— À cause du temps. Gwenn a raison. En Bretagne, il fait beau plusieurs fois par jour !
— Tu la préviens de notre arrivée ?
— Oui, je l'appelle tout de suite.
Erwan téléphone à Gwenn.
— Salut ! Papa est réveillé. Il ne peut pas parler mais c'est normal il paraît.
— Ouf ! Est-ce que tu veux que je vienne te chercher ?
— Non, Tanguy va me ramener. Retrouve-nous au Marinarium. J'ai quelque chose à y faire.
— Au Marinarium ? Tu veux bien m'en dire plus ?
— Mystère ! Je ne suis pas encore sûr. Je préfère attendre. Rejoins-nous pour en savoir plus !
— Tu es très mystérieux ! Je préfère ce ton de voix. Je viens dès que je peux. Je suis curieuse de savoir.
— À tout à l'heure !
Erwan grimpe dans la voiture de Tanguy. Ils ont un peu moins de 100 kilomètres de route pour arriver à Concarneau. Chacun préfère se taire. Ils sont perdus dans leurs pensées[3].

---

3 Ils sont perdus dans leurs pensées : ils réfléchissent silencieusement, chacun de leur côté.

CHAPITRE 6

À Concarneau, Tanguy se gare après le port, en face de la mer et du Marinarium. Marin de corps et d'âme, Tanguy se sent comme un enfant dans ce laboratoire. Sa première découverte de l'endroit s'est faite grâce à une visite scolaire. De ce jour, il garde un souvenir impressionné des dix grands aquariums. Ce lieu existe depuis 150 ans. Tanguy est plus à l'aise sur l'eau. Dans ce lieu, il apprend beaucoup de choses. Des choses du dessous de la surface de la mer. La vie des algues, des planctons, des éponges, des coraux, des turbots... toute la biodiversité de la mer et du littoral. Tanguy est toujours un peu timide dans ce lieu. C'est très différent de l'ambiance de la capitainerie ! Erwan travaille comme chercheur. Sa salle de travail offre tout le matériel nécessaire à l'étude du corps de l'oiseau mort. Il l'ouvre. Il prélève des morceaux de l'animal. Il fait des analyses. Tanguy le regarde faire, admiratif. En moins de deux heures, Erwan est prêt à conclure. Gwenn débarque à ce moment. Erwan se lave les mains.
– Allons boire un café !
Les trois amis sortent du laboratoire. Ils traversent la rue. À Concarneau, le ciel est dégagé. Ils s'installent sur la terrasse du Café du Port, en face de la capitainerie. Ils commandent un café à boire et trois parts de Kouign Amann. En Breton, *Kouign* signifie gâteau, *Amann*, beurre, beurré. Cela veut tout dire : un gâteau au beurre, au beurre salé, évidemment ! Gwenn ne peut plus attendre.
– Racontez-moi ! Pourquoi t'amuses-tu à découper un pauvre oiseau mort ?
– Je reprends depuis le début. Mon père est seul au phare. Il n'a pas vraiment de travail à faire. Le phare est déjà totalement automatisé. Il est là pour profiter une dernière fois de cet emplacement exceptionnel. Qu'est-ce qu'un homme comme lui peut faire ?
Tanguy et Gwenn répondent ensemble :

La dernière nuit au phare

– Regarder la mer avec ses jumelles !
– Je pense la même chose.
– Et alors ?
– Alors, il voit quelque chose de bizarre.
– Quoi ? Un bateau échoué[4] ?
– Parfois, le gardien de phare sauve un pêcheur échoué sur les rochers. C'est rare.
– Non. La mer est calme. C'est une nuit sans souci. Tanguy, tu sais où je veux en venir. C'est grâce à toi, tout ça.

Gwenn se plaint :
– Cela suffit les mystères maintenant. Soyez clairs !
– Tanguy trouve un sac dans un coin du bateau de mon père. Dedans, il voit un oiseau mort. Tanguy est intelligent. Il trouve ça étonnant. Que fait mon père avec un cormoran mort à son bord ?
– Et alors, que fait-il ?
– Tanguy, à toi.
– J'ouvre le sac. Je sors l'oiseau. Une sale odeur me saute au nez.
– L'odeur de cadavre ?
– Pas seulement ! L'oiseau sent le mazout[5] !
– Le mazout ? Comment est-ce possible ?
– Tu commences à comprendre.
– Un dégazage[6] ?
– Oui. Un dégazage sauvage.
– Et pourquoi ?

Tanguy prend la parole :
– Parce que cela coûte cher. Certains préfèrent économiser en faisant ça dans la nature. Toutes les vies dans la mer et sur les côtes

---

4 Échoué : immobilisé, couché.
5 Le mazout : liquide obtenu à partir du pétrole.
6 Dégazage : Le dégazage est une opération courante. Il élimine les gaz nocifs des citernes. Il évite le risque explosif. Mais il doit se faire selon des règles précises, dans des lieux sous contrôle.

sont touchées. On appelle ça un dégazage sauvage.
Erwan continue son scénario :
— Mon père connaît ce bout de mer par cœur. À l'aube, il monte sur le balcon du phare pour un dernier adieu. De là-haut, il voit des traces inhabituelles dans l'eau. Avec ses jumelles, il parvient à identifier leur provenance. Justicier dans l'âme, son sang de Breton le pousse à intervenir lui-même ! Prévenir les douaniers[7] ne lui vient sans doute même pas à l'esprit. Il fonce avec son bateau en suivant les traces.
Tanguy ajoute :
— En chemin, il tombe sur un cormoran blessé. Il le remonte à bord. Ses ailes sont enduites de mazout. Le cormoran meurt. La colère de Jacques augmente encore. Il met l'oiseau dans un sac. Après, je ne sais pas comment cela se passe.
— Je connais mon père. Il parvient jusqu'au bateau coupable. Il insulte l'équipage ! À bord, on s'inquiète. Cet homme devient un danger. Quelqu'un descend lui casser la figure. On l'abandonne à son triste sort. Un homme de plus perdu en mer… Cela peut passer inaperçu.
Gwenn doute :
— Ce n'est pas un peu tiré par les cheveux[8] ?
— Peut-être, mais ça se tient.
— Éliminer quelqu'un pour se protéger d'une amende[9], c'est énorme !
— Mais possible. Les amendes à payer sont très chères.
Tanguy rajoute :
— Ces gens n'en sont pas à leur premier crime ! La pollution provoque une tuerie parmi la faune et la flore marine.

---

7 Un douanier : agent qui surveille les importations et les exportations de produits.
8 Un peu tiré par les cheveux : raisonnement un peu compliqué.
9 Amende : somme à payer en cas d'infraction à la loi.

CHAPITRE 6

—Tu as raison… Quand même…
— Oui, je suis d'accord, c'est énorme ! Certains sont prêts à tout pour l'argent.
— Qu'est-ce qu'on fait maintenant ?
Erwan a un geste vague :
— Je ne sais pas très bien. Qui va nous croire ? Un oiseau mort ne prouve[10] rien. Mon père est un témoin[11] sans voix. Notre scénario nous plaît mais… Qui peut se laisser convaincre ?
Tanguy sourit :
— J'ai peut-être une solution. Je connais un douanier spécialisé dans la chasse de ces criminels. Il va m'écouter. Dès aujourd'hui, je le préviens. Il peut se mettre à enquêter discrètement. Ton père va retrouver sa voix. Son témoignage et les résultats de l'enquête doivent être connus.
Erwan retrouve sa bonne humeur :
—Tu as raison ! Il faut avoir confiance !

---

10 Prouver : signifier, démontrer.
11 Un témoin : personne qui a vu quelque chose.

La dernière nuit au phare

Épilogue

Jacques boit une tasse de café. Il est assis face à la mer à Concarneau. Depuis sa sortie de l'hôpital de Brest, il se repose chez Erwan et Gwenn. Justement, son fils rentre déjeuner. Il lui apporte la dernière parution du journal de la région. En couverture, le gros titre attire son regard :

> **Dégazage sauvage : une compagnie maritime doit verser 750 000 €**
>
> Pour détecter ce type de dégazage, des douaniers spécialisés essayent de prendre en flagrant délit[1] les navires. Cette fois-ci, la courageuse intervention du dernier gardien de phare en activité permet cette condamnation. Jacques Toudic veille pour sa dernière nuit dans le phare de l'île Vierge quand au petit matin, au risque de sa vie…

Jacques sourit :
— Toujours en train d'exagérer ces journalistes ! Une intervention courageuse ? Tu parles… La colère n'est pas du courage ! Je n'ai pas réfléchi ! Et des risques pris, il y en a des plus grands dans ma vie.
Erwan demande :
— Lesquels par exemple ?
— Par exemple, celui de devenir un vrai boulet[2] pour mon fils et sa charmante femme.

---

1 Prendre en flagrant délit : surprendre des personnes au moment où elles font une faute.
2 Un boulet : un poids.

Le Héros du Phare

...se en flagrant délit de dégazage sauvage sur nos côtes bretonnes, une compagnie maritime est condamnée à une amende de 750 000 euros. Pour détecter ce type de dégazage, des douaniers spécialisés essayent de prendre en flagrant délit les navires. Cette fois-ci, la courageuse intervention du dernier gardien de phare en activité permet cette condamnation. Jacques Toudic veille pour sa dernière nuit dans le phare de l'île Vierge quand au petit matin, au risque de sa vie…

Épilogue

— Papa arrête ! Cela nous fait plaisir de t'accueillir, tu le sais bien.
— Eh bien maintenant, je vais profiter de ma célébrité pour aller voir ailleurs. Je pars en voyage, les enfants.
— Où ça ?
— Je vais toucher les étoiles dans un pays sans mer, sans phare mais aux sommets vertigineux[3] !

---

3 Vertigineux : très hauts.

Activités

PROLOGUE

1 **Lisez le prologue et répondez aux questions.**

1. Dans quelle région de France débute le roman ?
   En Bretagne

2. Quelle est la profession de Jacques ?
   Jacques est gardian de phare

3. Pourquoi est-ce une nuit spéciale pour Jacques ?
   C'est la sa dernière nuit au phare

4. Quelle est la hauteur du phare de l'île Vierge ?
   82 metres 50

5. Que remarque Jacques tout à coup ?
   Il remarque quelque chose d'inhabituel

2 **À votre avis, qu'est-ce que Jacques a remarqué ? Pourquoi descend-il les escaliers rapidement ? Où va-t-il ? Que va-t-il faire ?**

Il remarque traces suspectes. Il veut arrêter des personnes et donc il descend les escaliers rapidement pour atteindre ceux personnes.

CHAPITRE 1

1 Qui est qui ? Associez.

1. Erwan *b*
2. Gwenn *d*
3. Tanguy *a*
4. Manuela *c*

a. L'ami d'Erwan
b. Le fils de Jacques
c. La femme de Jacques
d. La compagne d'Erwan

2 piste 2 → Écoutez le chapitre et dites si c'est vrai ou faux. Justifiez quand vous pensez que c'est faux.

	Vrai	Faux
1. Erwan se lève tôt pour aller au travail.	☐	☒
2. Erwan habite à Brest.	☐	☒
3. Il est étudiant et travaille pendant l'été.	☒	☐
4. La mère d'Erwan est décédée.	☒	☐
5. Erwan veut emmener son père boire un café.	☐	☒
6. Il retrouve son ami à la capitainerie du port.	☒	☐
7. Erwan est inquiet de ne pas retrouver son père.	☒	☐

Justification : *1) Erwan habite à Concarneau, 1) Erwan va chez son père*

3 Classez les mots et expressions.

Salut ! – À bientôt ! – Au revoir ! – Bonjour, madame. – Bonsoir, monsieur. À tout à l'heure ! – Bonne soirée ! – À demain !

Quand on rencontre quelqu'un, on peut dire :	Quand on quitte quelqu'un, on peut dire :
Salut ! – Bonjour, madame. – Bonsoir, monsieur	À bientôt ! – Au revoir ! – À tout à l'heure ! – Bonne soirée ! – À demain

4 Qui sont-ils ? Associez.

1. moniteur _g, a, d, e_
2. professeur _b, c, f_

a. de ski
b. de littérature
c. de géographie
d. d'auto-école
e. de voile
f. de chimie
g. de plongée

5 Choisissez le mot ou l'expression qui convient et complétez les phrases.

*à la retraite – au chômage – femme au foyer
étudiant – fonctionnaire – saisonnier*

1. Mon neveu est inscrit à l'Université, il est _étudiant_.
2. Votre voisine n'a pas d'emploi, elle s'occupe de ses enfants et de sa maison, elle est _femme au foyer_.
3. Michel a presque 75 ans, il ne travaille plus, il est _à la retraite_
4. Ma jeune sœur travaille pour le Ministère de la Justice, elle est _fonctionnaire_.
5. Bruno occupe un emploi _saisonnier_ pendant l'hiver : il est moniteur de ski.
6. L'usine de Sébastien a fermé. Sébastien est maintenant _au chômage_ et cherche un nouveau travail.

6 piste 2 → Réécoutez le passage à partir de « Erwan sort de chez lui » jusqu'à « Erwan prend la route pour Plouguerneau ». Complétez la description de Concarneau.

Concarneau est une petite _ville_ du Finistère _sud_. Des _remparts_ entourent l'ancienne ville. _Au large_, les îles des Glénan sont célèbres. Pour sortir de la ville, Erwan

traverse le ....*pont*.... du Moros. *Au-dessous*............,
on voit les chantiers navals. La ville n'a plus l'activité de *port de pêche*
de pêche d'autrefois. Elle reste une *station balnéaire*
très agréable et touristique en été.

CHAPITRE 2

1 piste 3 → **Avez-vous bien compris le chapitre ? Choisissez la réponse qui convient.**

1. En attendant Tanguy, Erwan va manger :
   - ☐ a. une pizza.
   - ☐ b. des huîtres.
   - ☒ c. une galette.

2. Gwenn travaille :
   - ☒ a. dans une galerie.
   - NON ☒ b. dans une agence de voyages.
   - ☐ c. dans une crêperie.

3. Tanguy propose d'emmener Erwan :
   - ☒ a. à l'île Vierge.
   - ☐ b. à Brest.
   - ☐ c. à l'île d'Ouessant.

4. Tanguy occupe un emploi :
   - ☐ a. dans une menuiserie.
   - ☒ b. à la capitainerie du port.
   - ☐ c. sur un bateau de croisière.

5. Tanguy est triste parce que :
   - ☐ a. le père de son ami a disparu.
   - ☒ b. il n'a pas encore trouvé de compagne.
   - ☐ c. il n'aime pas son travail.

2 piste 3 → **Réécoutez le chapitre. Qui dit quoi ? Associez.**

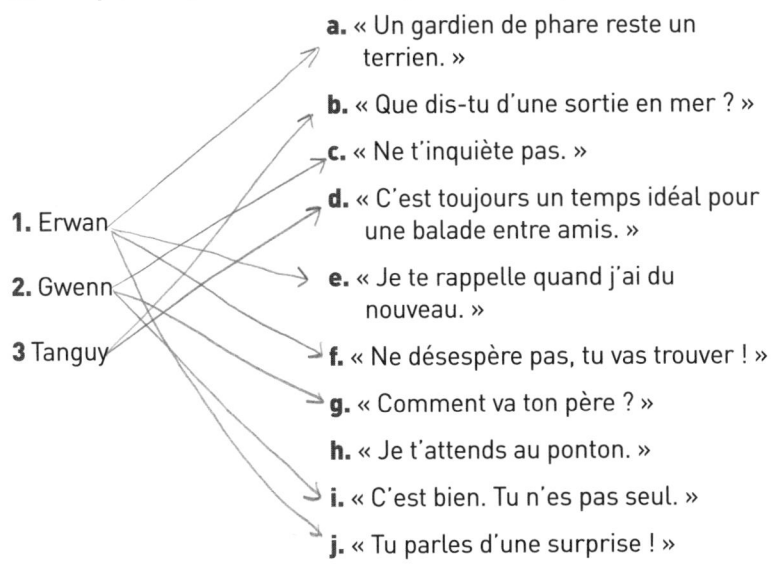

1. Erwan
2. Gwenn
3. Tanguy

a. « Un gardien de phare reste un terrien. »
b. « Que dis-tu d'une sortie en mer ? »
c. « Ne t'inquiète pas. »
d. « C'est toujours un temps idéal pour une balade entre amis. »
e. « Je te rappelle quand j'ai du nouveau. »
f. « Ne désespère pas, tu vas trouver ! »
g. « Comment va ton père ? »
h. « Je t'attends au ponton. »
i. « C'est bien. Tu n'es pas seul. »
j. « Tu parles d'une surprise ! »

3 **Complétez le texte de la recette. Conjuguez les verbes à l'impératif.**

Galette bretonne

Ustensiles : une poêle à crêpes, une spatule et un saladier

Ingrédients (pour 6 personnes) :
- 350 g de farine de sarrasin
- 15 g de sel
- 1 œuf
- environ 75 cl d'eau
- du beurre pour la cuisson

Garniture :
- 1 œuf par personne
- ½ tranche de jambon
- du gruyère râpé
- quelques champignons

Dans un grand saladier *mettez* (mettre) la farine puis *creusez* (creuser) un trou. Dans le puits de farine, *versez* (verser) l'eau petit à petit, *mélangez* (mélanger) doucement puis énergiquement : vous obtenez ainsi une pâte fluide et épaisse. *Ajoutez* (ajouter) l'œuf. *Laissez* (laisser) reposer la pâte au frigo pendant 1 heure 30. *Faites* (faire) fondre un peu de beurre dans une poêle, *versez* (verser) une louche de pâte et *étalez* (étaler) la pâte sur toute la surface. *Laissez* (laisser) cuire 2 minutes sur chaque côté : pour retourner la galette, *utilisez* (utiliser) une spatule. Quand la galette est cuite *rajoutez* (rajouter) la garniture. *Servez* (servir) chaud.

4 À votre tour, écrivez une recette typique de votre région ou de votre pays.

Pâte

CHAPITRE 3

1 🔘 piste 4 → **Avez-vous bien compris le chapitre ? Répondez aux questions.**

1. Pourquoi Erwan et Tanguy ne voient-ils plus la terre ?

....

2. Où se trouve l'île Vierge ?

....

3. Quelle est la hauteur du phare ?

....

4. En entrant dans le phare, que cherchent Erwan et Tanguy ?

....

5. Où Erwan et Tanguy partent-ils après l'île Vierge ?

....

6. Que trouvent-ils à la fin du chapitre ?

....

2 🔘 piste 4 → **Réécoutez le chapitre. Quel est le travail d'un gardien de phare ? Complétez le texte.**

Le gardien de phare note .... dans le cahier de veille. Il note .... du baromètre, du thermomètre, de la ...., de sa force, etc. Il note .... des carreaux. En général, dans un phare, il .... Plus exactement, il se passe .... tous les jours. Le gardien de phare veille au fonctionnement de la ....

3 À votre tour, présentez les tâches de votre profession ou d'une autre profession au choix.

....

....

....

4 Choisissez le mot qui convient et complétez la grille.

la neige – le soleil – le brouillard – les nuages – le ciel – la pluie

1. Parfois fine, parfois violente, elle arrose les jardins : la ....

2. Il est jaune et il brille : le ....

3. On aime quand il est bleu, mais il peut être gris : le ....

4. Elle est blanche et froide : la ....

5. Blancs ou gris, ils sont dans le ciel : les ....

6. Quand il est épais, on ne voit rien : le ....

5 Quelle est la bonne définition ? Associez.

1. perdre ses repères.
2. tomber en panne
3. faire plaisir
4. être en forme
5. avoir le cafard
6. être embêté
7. avoir envie

a. ne plus fonctionner
b. rendre quelqu'un content
c. ne plus savoir où on est
d. désirer
e. être ennuyé
f. être en très bonne santé
g. se sentir un peu triste

CHAPITRE 4

1 piste 5 → Écoutez le chapitre et dites si c'est vrai ou faux.
Justifiez quand vous pensez que c'est faux.

	Vrai	Faux
1. Tanguy et Erwan découvrent Jacques qui est évanoui.	☐	☐
2. Tanguy remarque une caisse en bois dans le bateau de Jacques.	☐	☐
3. Les pompiers emmènent Jacques à l'hôpital.	☐	☐
4. Jacques a reçu un coup sur la tête.	☐	☐
5. Pendant que les médecins font des examens, Erwan attend à l'entrée de l'hôpital.	☐	☐
6. Pendant la Seconde Guerre mondiale, la ville de Brest a peu souffert.	☐	☐
7. La grand-mère de Gwenn est artiste peintre.	☐	☐

Justification : ....

....

....

2 Répondez aux questions.

1. Où les marins pompiers emmènent-ils Jacques ?
....

2. Quel est le plus ancien monument de la ville de Brest ?
....

3. Que peut-on pêcher dans la rade de Brest ?
....

4. À qui Erwan téléphone-t-il en attendant les résultats des examens ?
....

5. Pourquoi Gwenn admire-t-elle Jacques ?
....

3 Trouvez les 12 mots en relation avec un accident.

*ambulance – blessé – hôpital – urgence – médecin – brancard
infirmier – sauveteur – évanoui – pompier – pansement – soins*

D	R	A	C	N	A	R	B	U	R
R	E	I	P	M	O	P	G	R	E
L	Q	O	H	B	V	A	J	G	I
A	M	B	U	L	A	N	C	E	M
T	S	O	U	E	B	S	W	N	R
I	O	E	Y	S	R	E	N	C	I
P	I	F	P	S	Z	M	A	E	F
O	N	I	C	E	D	E	M	X	N
H	S	K	E	V	A	N	O	U	I
O	S	A	U	V	E	T	E	U	R

4 Que peut-on trouver dans une galerie d'art ? Mettez les lettres dans l'ordre pour retrouver les mots.

Dans une galerie d'art, on peut admirer :

1. CELPRSTUU → une ....
2. EEINPTRU → une ....
3. DEINSS → un ....
4. AAEELLQRU → une ....
5. ACEEIMQRU → une ....
6. AEGHHIOOPPRT → une ....
7. AESTTU → une ....

5 Quels lieux pour quelle activité de loisirs ?
Choisissez le mot qui convient et complétez les phrases.

bar - parc - cinéma - opéra - théâtre - musée - stade - salle de concert

1. Quand on veut voir un film, on va au ....
2. On peut se promener dans un ....
3. Pour écouter un orchestre, on va dans une ....
4. C'est dans un .... que l'on peut admirer des tableaux.
5. Avec des amis, on peut prendre un verre dans un ....
6. Pour voir un ballet, on peut réserver des places à l' ....
7. Les passionnés de sport vont voir des compétitions dans un ....
8. Pour voir des pièces de théâtre, on peut se rendre dans un ....

CHAPITRE 5

1 piste 6 → **Avez-vous bien compris le chapitre ? Choisissez la réponse qui convient.**

1. En attendant que Jacques se réveille, Erwan pense :
   - ☐ **a.** que son enfance avec son père était très difficile.
   - ☐ **b.** qu'il a toujours besoin de son père.
   - ☐ **c.** qu'il peut vivre sans son père.
2. Le médecin dit que :
   - ☐ **a.** Jacques peut se rétablir très vite.
   - ☐ **b.** Jacques gardera des séquelles à vie.
   - ☐ **c.** Jacques ne peut plus vivre seul.
3. À son réveil, Jacques :
   - ☐ **a.** reconnaît son fils.
   - ☐ **b.** ne sait pas où il se trouve.
   - ☐ **c.** demande ce qui s'est passé.
4. Le médecin pense que le coup à la tête peut avoir été provoqué par :
   - ☐ **a.** un outil.
   - ☐ **b.** l'ancre d'un bateau.
   - ☐ **c.** une pierre.
5. Quelqu'un vient rejoindre Erwan à l'hôpital. Il s'agit :
   - ☐ **a.** de Gwenn.
   - ☐ **b.** d'un collègue de Jacques.
   - ☐ **c.** de Tanguy.

2 piste 6 → **Réécoutez le début du chapitre. Complétez le texte avec le pronom personnel complément qui convient.**

Pour Erwan, les mains de son père ne vieillissent pas. Enfant, elles .... préparent à manger. Elles .... lavent. Elles .... habillent. Elles .... hissent sur ses épaules. Toute son enfance, ses mains sont là pour .... Jamais elles ne .... frappent. Il .... voit applaudir à son premier concert avec son groupe de rock. Elles .... réconfortent dans les moments durs. Elles .... font signe dans tous les moments forts de sa vie.

3 Ces expressions sont utilisées pour encourager quelqu'un, sauf 4. Trouvez les 4 intrus.

1. Ne t'inquiète pas !
2. Ne restons pas là !
3. Ça va aller.
4. Explique-moi.
5. Dépêche-toi !
6. N'aie pas peur !
7. Tout va bien se passer.
8. Ça va s'arranger.
9. Tu vas y arriver.
10. Attends-moi !

Les intrus sont les phrases n° : ......, ..., ..., ...

4 Réécrivez le récit d'Erwan. Transformez les verbes soulignés au passé composé.

Au lever du soleil, mon père prend son bateau et quitte le phare. Où est-ce qu'il va ? Je ne sais pas. Peut-être qu'il a envie de faire une dernière promenade autour du phare. Peut-être qu'il voit quelque chose de bizarre. Je ne sais pas. Trois heures après, nous retrouvons Erwan assommé. Nous ne savons pas ce qui se passe durant ces trois heures.

....
....
....
....
....

5 Expliquez la phrase à la fin du chapitre : « C'est peut-être bien le début d'une piste... ». Qu'est-ce que Tanguy a découvert ? De quoi veut-il parler à Erwan ? À votre avis, comment Jacques a-t-il reçu le coup sur la tête ?

....
....
....
....

CHAPITRE 6

1 🎵 piste 7 → **Écoutez le chapitre et répondez aux questions.**

1. Qu'est-ce que Tanguy sort de son sac ?
....

2. Quelle est l'origine de l'odeur que sentent Tanguy et Erwan ?
....

3. Où Erwan emporte-t-il le cormoran ?
....

4. À qui Erwan demande-t-il de le rejoindre ?
....

5. Quand Erwan a-t-il visité le Marinarium pour la première fois ?
....

2 **Classez les noms d'oiseau dans le tableau.**

le corbeau – le rossignol – la mouette – le cormoran
le merle – le goéland – l'albatros – la perdrix
la pie – le pélican

Oiseaux marins	Oiseaux terrestres
....	....
....	....
....	....
....	....
....	....

3 Que peut-on trouver dans la mer ? Cherchez les 5 intrus.

*des algues – du plancton – des tulipes – des éponges
des framboises – des crevettes – des crabes – des citrons
des rosiers – des moules – des huîtres – des homards
des géraniums - des turbots – des langoustines*

Les 5 intrus sont : ...., ..., ...,
......................, ...

4 Transformez comme dans les exemples.

J'ai vu une chose bizarre. → *J'ai vu quelque chose de bizarre.*
J'ai vu une personne bizarre. → *J'ai vu quelqu'un de bizarre.*

1. J'ai vu une chose intéressante. → ....

2. J'ai vu une chose curieuse. → ....

3. J'ai vu une personne passionnante. → ....

4. J'ai vu une chose amusante. → ....

5. J'ai vu une chose étrange. → ....

6. J'ai vu une personne intelligente. → ....

7. J'ai vu une personne instruite. → ....

8. J'ai vu une personne drôle. → ....

5 Retrouvez ce qui est arrivé à Jacques pendant sa dernière nuit au phare. Inscrivez le numéro des phrases dans l'ordre.

a. Il monte dans son bateau et fonce sur la mer. ☐

b. Il arrive en vue du bateau coupable et insulte l'équipage. ☐

c. Il monte en haut du phare pour un dernier adieu à la mer. ☐

d. Il voit des traces inhabituelles sur l'eau. ☐

e. Quelqu'un le frappe et l'abandonne au milieu de la mer. ☐

f. Il observe la mer avec ses jumelles. ☐
g. En chemin, il repêche un cormoran blessé. ☐
h. Il descend du phare précipitamment. ☐

ÉPILOGUE

1 🔘 piste 8 → **Écoutez l'épilogue et dites si c'est vrai ou faux. Justifiez quand vous pensez que c'est faux.**

	Vrai	Faux
1. Jacques est sorti de l'hôpital.	☐	☐
2. Il habite chez Erwan et Gwenn.	☐	☐
3. Erwan a entendu le récit des exploits de son père à la radio.	☐	☐
4. Le bateau surpris par Jacques est accusé de dégazage.	☐	☐
5. La compagnie maritime doit payer une amende de 65 000 euros.	☐	☐
6. Jacques dit qu'il a agi de façon courageuse.	☐	☐
7. Jacques accepte de rester vivre chez Erwan et Gwenn.	☐	☐

Justification : ....
....

2 **Écrivez la suite de l'article de journal.**

Jacques Toudic veille pour sa dernière nuit dans le phare de l'île Vierge quand au petit matin, au risque de sa vie…

....
....
....
....

3 Associez les mots et leurs définitions.

1. une marée noire
2. les déchets
3. les énergies renouvelables
4. la pollution
5. les écologistes
6. la déforestation

a. Le soleil et le vent en font partie.
b. Elle peut arriver quand un pétrolier a un accident en mer.
c. C'est une grande inquiétude pour les habitants d'Amazonie, par exemple.
d. Selon leur nature, nous devons les jeter dans des poubelles différentes.
e. Elle dégrade et abîme l'environnement.
f. Ils luttent pour la protection de la planète.

4 De quel endroit Jacques parle-t-il quand il dit : « Je vais toucher les étoiles dans un pays sans mer, sans phare mais aux sommets vertigineux ». Quels pays peuvent correspondre à cette description ? Et vous, quel voyage rêvez-vous de faire ?

....
....
....
....
....
....
....

FICHE 1 — LA BRETAGNE, UNE RÉGION MARQUÉE PAR LA MER

Péninsule située à la fin de l'Europe occidentale, la Bretagne est bordée par l'océan Atlantique au sud et la Manche au nord. Les côtes sont très découpées, surtout au nord, avec de nombreux caps, des falaises, des criques rocheuses, de petites baies et des plages de sable et de galets, sans oublier les nombreuses îles habitées ou non. À l'intérieur des terres, les paysages sont également très variés avec le bocage, les vergers à cidre, les vallées fluviales remontées par les marées, la forêt, etc.

Contrairement à sa réputation, il tombe moins de pluie à Brest qu'à Biarritz mais le temps change très souvent et rapidement. Le climat océanique est doux : il ne fait jamais très froid ni très chaud. C'est en hiver que la Bretagne connaît de fortes tempêtes.

Pour les touristes, les activités sont très variées. La Bretagne dispose de 5 000 kilomètres de sentiers pour faire de la randonnée ou se promener. La mer permet de pratiquer de nombreux sports : la voile, la natation, le surf, la plongée sans oublier la pêche.

1 **Remettez les lettres dans l'ordre et complétez les phrases.**

1. ACENO → La Bretagne est bordée par l' .... Atlantique au sud et à l'ouest.

2. CEOTS → Au nord, les .... rocheuses sont très découpées.

3. EEGRRSV → Dans les nombreux ...., la cueillette des pommes permet de fabriquer le cidre.

4. ACP → La Pointe du Raz est un .... situé à l'extrême ouest de la Bretagne.

5. AGELPS → Les .... du sud accueillent beaucoup de touristes en été.

6. EEEMPTTS → Les .... sont nombreuses en hiver.

2 Parmi les 6 paysages, 3 ne sont pas en Bretagne. Trouvez les 3 intrus.

3 Retrouvez les 6 activités de loisirs que l'on peut pratiquer en Bretagne.

FICHE 2 — LA BRETAGNE, UNE RÉGION AVEC UNE FORTE IDENTITÉ

La Bretagne est une région très attachée à ses traditions historiques et culturelles.

Le drapeau breton est composé de cinq bandes noires et quatre bandes blanches. Le quart gauche représente onze hermines. L'autre symbole très répandu est le « triskell », une sorte de croix formée de trois spirales.

La cuisine bretonne est simple et naturelle avec des produits de qualité. Les moules et les huîtres sont deux coquillages rois, mais on déguste aussi avec plaisir les coquilles Saint-Jacques, les bigorneaux, et toutes sortes de fruits de mer comme les langoustines ou les homards. Les crêpes et les galettes sont parmi les plats les plus réputés. Elles peuvent composer un plat complet : salées, on peut les garnir de jambon, d'œuf ou de champignons, sucrées, on peut les napper de confiture, de miel ou de chocolat fondu. Et, le plus souvent, quand on mange des crêpes, on boit du cidre, une autre production locale très réputée.

1 Entourez les deux symboles de la Bretagne.

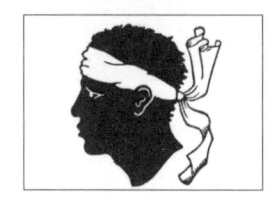

2 Associez les noms des plats ou des aliments et leur définition.

1. le cidre
2. une galette
3. une crêpe
4. les moules
5. les huîtres
6. le homard

a. Elle est souvent nappée de chocolat ou de confiture.
b. Ce sont des coquillages noirs.
c. C'est un crustacé qui a 2 énormes pinces.
d. C'est une boisson fabriquée à partir de pommes.
e. Ce sont des coquillages blancs que l'on mange crus ou cuits.
f. On la mange garnie de jambon ou de champignons.

3 Complétez les phrases avec les noms de plats régionaux ou de boissons régionales qui conviennent.

bouillabaisse – cassoulet – choucroute – crêpes – fondue savoyarde champagne – raclette – riesling – galettes – pastis

1. Les Marseillais boivent souvent du .... en apéritif.

   Le plat typique chez eux est la ....

2. À Strasbourg, nous avons commandé une énorme .... accompagnée d'un .... délicieux.

3. Si vous allez à Toulouse, ne manquez pas de goûter au ....

4. Les Bretons sont connus pour leurs .... et leurs ....

5. Dans les Alpes, après une journée de ski, une bonne .... ou une .... sont très appréciées.

6. La ville de Reims est réputée pour ses caves de ....

CORRIGÉS

AVANT DE COMMENCER
1. 1. en Bretagne – 2. gardien de phare – 3. C'est sa dernière nuit de travail au phare. – 4. 82 mètres 50 – 5. Jacques voit quelque chose d'inhabituel, des traces suspectes.
2. Production libre.

CHAPITRE 1
1. 1. b – 2. d – 3. a – 4. c.
2. 1. faux – 2. faux – 3. vrai – 4. vrai – 5. faux – 6. vrai – 7. vrai
Justification : 1. Erwann se lève tôt parce qu'il veut passer la journée avec son père.
2. Il habite à Concarneau.
5. Il veut emmener son père manger des huîtres.
3. Quand on rencontre quelqu'un : Salut ! – Bonjour, madame – Bonsoir, monsieur.
Quand on quitte quelqu'un : Salut ! Au revoir ! – À tout à l'heure ! – Bonne soirée ! – À demain.
4. 1. a, d, e, g
2. b, c, f
5. 1. étudiant – 2. femme au foyer 3. à la retraite – 4. fonctionnaire 5. saisonnier – 6. au chômage.
6. ville, sud, remparts, Au large, pont, Au-dessous, port, station balnéaire.

CHAPITRE 2
1. 1. c. – 2. a. – 3. a. – 4. b. – 5. b.
2. 1. a, e, f, j
2. c, g, i
3. b, d, h
3. mettez, creusez, versez, mélangez, ajoutez, laissez, faites, versez, étalez, laissez, utilisez, rajoutez, servez.
4. Production libre.

CHAPITRE 3
1. 1. à cause de la brume épaisse.
2. à 1,5 km de la côte. – 3. 31 mètres – 4. le cahier de veille – 5. Ils décident de reprendre la mer pour chercher Jacques dans les criques des alentours. – 6. le bateau de Jacques.
2. son activité quotidienne – ses observations – direction du vent – les réparations – ne se passe rien – la même chose – lumière.
3. Production libre.
4. 1. pluie – 2. soleil – 3. ciel – 4. neige – 5. nuages – 6. brouillard.
5. 1. c. – 2. a. – 3. b. – 4. f. – 5. g. 6. e. – 7. d.

CHAPITRE 4
1. 1. vrai – 2. faux – 3. vrai – 4. vrai 5. faux – 6. faux – 7. vrai
Justification : 2. Il trouve un sac.
5. Il part se promener dans les rues de Brest.
6. La ville de Brest a été en grande partie détruite.
2. 1. à l'hôpital
2. le château
3. des homards
4. à Gwenn
5. Elle est impressionnée par sa fidélité à sa femme pourtant décédée il y a longtemps.
3. **Horizontalement :** brancard, pompier, ambulance, médecin, évanoui, sauveteur.
Verticalement : hôpital, soins, blessé, pansement, urgence, infirmier.
4. 1. sculpture
2. peinture
3. dessin
4. aquarelle
5. céramique
6. photographie
7. statue
5. 1. cinéma
2. parc
3. salle de concert
4. musée
5. bar
6. opéra
7. stade
8. théâtre

CHAPITRE 5
1. 1. b. – 2. a. – 3. a. – 4. b. – 5. c.
2. lui, le, l', le, lui, le, les, le, lui.
3. Phrases n° 2, 4, 5, 10.
4. a pris, a quitté, a eu envie, a vu, avons retrouvé, s'est passé.
5. Production libre.

CHAPITRE 6
1. 1. un oiseau mort, un cormoran.
2. du mazout.
3. au Marinarium.
4. à Gwenn.
5. lors d'une visite scolaire.
2. **Oiseaux marins :** la mouette, le cormoran, le goéland, l'albatros, le pélican.
Oiseaux terrestres : le corbeau, le rossignol, le merle, la perdrix, la pie.
3. des tulipes, des framboises, des citrons, des rosiers, des géraniums.
4. 1. J'ai vu quelque chose d'intéressant.
2. J'ai vu quelque chose de curieux.
3. J'ai vu quelqu'un de passionnant.
4. J'ai vu quelque chose d'amusant.
5. J'ai vu quelque chose d'étrange.
6. J'ai vu quelqu'un d'intelligent.
7. J'ai vu quelqu'un d'instruit.
8. J'ai vu quelqu'un de drôle.
5. a. 5 – b. 7 – c. 1 – d. 3 – e. 8 f. 2 – g. 6 – h. 4

ÉPILOGUE
1.
1. vrai
2. vrai
3. faux
4. vrai
5. faux
6. faux
7. faux
2. Production libre.
3. Production libre.